Gustav von Bunge

Der Vegetarismus

Ein Vortrag

Gustav von Bunge

Der Vegetarismus
Ein Vortrag

ISBN/EAN: 9783743696259

Hergestellt in Europa, USA, Kanada, Australien, Japan

Cover: Foto ©ninafisch / pixelio.de

Weitere Bücher finden Sie auf **www.hansebooks.com**

Der

Vegetarianismus.

Ein Vortrag

von

Dr. G. Bunge,
Docent der Physiologie an der Universität Dorpat.

Berlin 1885.
Verlag von August Hirschwald.
NW. Unter den Linden 68.

Hochgeehrte Versammlung!

Die Probleme der Ernährungsphysiologie haben seit einem Jahrhundert eine grosse Reihe hervorragender Forscher beschäftigt. Sie haben an der Lösung dieser Probleme gearbeitet mit Aufbietung aller Hülfsmittel der exacten Wissenschaft, mit rastlosem Fleiss, mit opferfreudiger Hingebung. Und dennoch müssen wir bekennen, dass wir über eine der fundamentalsten Fragen noch nicht hinweggekommen sind. Ich meine die Frage: auf welches Reich der Organismen ist der Mensch mit seinem Nahrungsbedürfnisse von der Natur angewiesen, auf das Pflanzenreich oder auf das Thierreich oder auf beide? Sind wir Frugivoren oder Carnivoren oder Omnivoren? In allen Lehrbüchern der Ernährungsphysiologie und Diätetik begegnet man dem Dogma, der Mensch sei ein omnivores Geschöpf. Nach einer Begründung dieses Dogma sucht man vergebens.

Es hat diese Frage in neuerer Zeit auch in weiteren Kreisen ein Interesse gewonnen durch die Bestrebungen der Vegetarianer, eines Vereins, welcher das Ziel verfolgt, zu einer naturgemässen Lebensweise zurückzukehren, und zur Erreichung

1 *

dieses Zieles vor Allem darnach trachtet, die Fleischnahrung als etwas der Natur des Menschen Wider-
sprechendes, seine Gesundheit Gefährdendes gänzlich
aus der menschlichen Gesellschaft zu verbannen.

Die Bestrebungen der Vegetarianer sind vielfachen Angriffen ausgesetzt gewesen. Man hat es
natürlich auch nicht unterlassen, sie mit Hohn und
Spott zu überschütten — zu lachen ist ja leichter
als zu denken — eine wissenschaftliche Widerlegung
ihrer Lehre aber ist bisher ebensowenig versucht
worden, wie eine wissenschaftliche Begründung derselben. Gestatten Sie mir das Wenige, was sich
streng wissenschaftlich über diese Frage aussagen
lässt, Ihnen vorzuführen.

Die Vegetarianer berufen sich vor Allem auf die
Ergebnisse der vergleichenden Anatomie. Vergleichende Anatomen ersten Ranges haben sich dahin
ausgesprochen, der Mensch zeige in seinem ganzen
Baue, insbesondere im Baue der Zähne und der übrigen
Verdauungsorgane die grösste Uebereinstimmung mit
den frugivoren Affen.

Vergleicht man den Zahnbau des Menschen mit
dem der Affen, so muss man allerdings bekennen:
die Unterschiede, die sich dabei herausstellen, sind
nicht derart, dass sie auf eine verschiedene Ernährungsweise schliessen lassen. Was aber den Bau
der übrigen Verdauungsorgane betrifft, so ist eine
genaue vergleichende Untersuchung derselben bisher
nicht ausgeführt worden.

Custor und Aeby [1]) bestimmten an zwei Affen-
leichen (Cercopithecus und Papio), ebenso am Menschen und einer Reihe anderer Säugethiere die Grösse
der Oberfläche des Verdauungscanals und das Verhältniss dieser Grösse zum Körpergewicht [2]). Sie
fanden folgende Zahlen:

Auf 1 Grm. Körpergewicht kommen Quadrat-
centimeter Darmfläche:

Löwe	0,24,
Schwein	0,25,
Hund	0,26,
Mensch	0,29,
Fuchs	0,33,
Steinmarder (Mustela foina) .	0,39,
Hauskatze	0,55,
Schaf	0.87,
Affe { Cercopithecus (spec.?)	0,91,
Papio sphinx [3]) . . .	0,94,
Ziege	0,94,
Gemse	1,25,
Hase (L. veriabilis)	1.51,

[1]) Du Bois und Reichert's Arch f. Anat. u. Physiol.
1873. S. 478.

[2]) Ein gewichtiger Einwand, welcher gegen diese Methode erhoben werden muss und von dem Verfasser selbst
nicht verschwiegen wird (S. 485), ist der, dass die äussere
Oberfläche gemessen wurde, nicht die innere, resorbirende
Fläche, welche bekanntlich durch Zotten und Falten verviel-
facht wird

[3]) Zusatz von Prof. Dr. Aeby. S. 504.

Eichhörnchen 1,84,
Kaninchen 2,05,
Meerschweinchen 2,36,
Ratte . . . . 2,38.

Bei flüchtiger Betrachtung könnte man aus dieser Tabelle schliessen, der Mensch sei omnivor oder gar carnivor, der Affe dagegen frugivor. Die Zahlen müssen aber doch anders gedeutet werden. Leider ist die Zahl der untersuchten Species zur Ableitung allgemeiner Gesetze viel zu gering. Es scheint mir indessen schon aus den vorliegenden Zahlen hervorzugehen, dass hier zwei Gesetze sich kreuzen und gegenseitig verdecken.

1) Das Verhältniss der Darmfläche zum Körpergewicht ist beim Pflanzenfresser grösser als beim Omnivoren und Carnivoren.

2) Bei verwandten Thieren mit gleicher Ernährungsweise ist das Verhältniss der Darmoberfläche zum Körpergewicht um so grösser, je kleiner das Thier ist. Dieses erklärt sich rein mathematisch und physikalisch daraus, dass das kleinere Thier, bei welchem bekanntlich das Verhältniss der Körperoberfläche zum Inhalte grösser, daher auch die Wärmeabgabe relativ grösser ist, relativ mehr Nahrung aufnehmen muss. Das kleinere Thier bedarf daher zur Nahrungsaufnahme einer relativ grösseren resorbirenden Fläche.

Wir sehen daher auf der obigen Tabelle, dass bei der Hauskatze das Verhältniss der Darmfläche zum Körpergewicht grösser ist als beim Löwen, beim

Fuchs grösser als beim Hunde, bei der Gemse (6,2 Kgrm. schwer) grösser als bei der Ziege (15,1 Kgrm.) und beim Schafe (17,7 Kgrm.), beim Kaninchen grösser als beim Hasen, bei der Ratte grösser als beim Eichhörnchen (Ratte und Eichhörnchen sind beide omnivor). Es darf uns daher nicht wundern, dass die Verhältnisszahl bei den kleinen Affen (Cercopithecus 2,8 Kgrm., Papio 3,7 Kgrm.) grösser ist als beim Menschen. Auf eine verschiedene Ernährungsweise darf daraus vorläufig nicht geschlossen werden. Es ist zu wünschen, dass die Verhältnisszahl bei den grossen Anthropoiden bestimmt würde.

Aber auch wenn die vollkommenste Uebereinstimmung im Bau sämmtlicher Verdauungsorgane beim Menschen und Affen festgestellt wäre, so müssten wir uns doch vor Allem die Frage vorlegen: wovon leben denn die sogenannten frugivoren Affen?

Aus zahlreichen Reiseberichten geht hervor, dass alle diejenigen Affenarten, deren Lebensweise im freien Zustande genauer beobachtet worden, sich als vollendete Omnivoren herausgestellt haben. Sie verzehren nicht blos Vegetabilien, sondern auch Insecten, Spinnen, Krustaceen, Würmer, Schnecken, Reptilien, mit besonderer Vorliebe aber Vogeleier und leidenschaftlich gern junge Nestvögel[1]). Einige

---

[1]) Brehm's Thierleben. Bd. I. Leipzig 1876. S. 46, 112, 118, 141, 144, 145, 147, 158, 159, 160, 166, 167, 206, 219, 221, 223, 224, 227, 228, 236.

Affen stellen auch ausgewachsenen Vögeln nach, insbesondere einige südamerikanische Arten erhaschen die Vögel im Sprunge, wie die Katzen, und nähren sich vorherrschend von Fleisch [1]).

Leider sind unsere Kenntnisse über die Lebensweise gerade der menschenähnlichsten Affen, der Gibbons, des Orang, des Chimpanse und Gorilla sehr dürftig.

Die Gibbons (Hylobates) sollen vorherrschend von Vegetabilien leben. Indessen wird doch auch angegeben, dass sie Insecten fressen, und Bennet sah einen Siamang (H. syndactylus) eine lebende Eidechse verzehren [2]). In der Gefangenschaft frass ein Hulock (H. Hulock) auch Milch, Eier und Fleisch und stellte im Hause Fliegen und Spinnen nach [3]).

Vom Gorilla, Chimpanse und Orang wird angegeben, dass sie im Naturzustande ausschliesslich von Vegetabilien sich nähren. Es ist bisher noch niemals mit Sicherheit beobachtet worden, dass sie irgend welche animalische Nahrung aufnehmen [4]). In der Gefangenschaft gewöhnen sie sich an alle Speisen

---

[1]) Brehm's Thierleben. Bd. 1. Leipzig 1876. S. 219, 221, 223, 224.

[2]) Huxley, Zeugnisse für die Stellung des Menschen in der Natur. Deutsch von J. V. Carus. Braunschweig 1863. S. 35. R. Hartmann, Die menschenähnlichen Affen. Leipzig 1883. S. 237. Brehm, l. c. S. 97.

[3]) Brehm, l. c. S. 100. Huxley, l. c. S. 261.

[4]) Brehm, l. c. S. 61. 71, 85.

des Menschen und verzehren begierig Milch, Eier und
grosse Mengen Fleisch [1]).

Auf das Fleischfressen in der Gefangenschaft
darf jedoch kein grosses Gewicht gelegt werden, denn
in der Gefangenschaft gewöhnen sich die Affen auch
an Tabak und Alkohol [2]). Auch ist es Thatsache, dass
man unzweifelhaft herbivore Thiere in der Gefangenschaft an Fleisch gewöhnen kann. Indessen ist es
doch beachtenswerth, dass den Affen in den zoolo-
gischen Gärten stets Fleisch und Eier verabfolgt
werden, weil man die Erfahrung gemacht haben will,
dass sie dabei besser gedeihen, als bei rein vegetabilischer Kost [3]).

Sollte die Angabe sich bestätigen, dass die grossen
Anthropoiden im Naturzustande nur von Vegetabilien
sich nähren, so würde daraus doch nichts weiter
folgen, als dass der Bau der Zähne bei den Affen
einen Schluss auf die Ernährungsweise nicht gestattet; wir würden eben sehen, dass trotz der Uebereinstimmung im Zahnbau die Affen zum Theil frugivor, zum Theil omnivor sind.

Etwas Aehnliches beobachten wir in der Ordnung
der Nagethiere. Es giebt Nager, die bei grosser
Uebereinstimmung im Zahnbau doch eine verschie-

---

[1]) Brehm, l. c. S. 71, 89, 92. Zoolog. Garten.
XVIII. S. 60, 169. XIX. S. 194.
[2]) Brehm, l. c. S. 92, 128, 129, 131, 147, 154, 199.
[3]) Zoolog. Garten. XVIII. S. 170. Hartmann, l. c.
S. 243. Brehm, l. c. S. 229, 230, 238.

dene Ernährungsweise haben. So sind z. B. das Murmelthier (Arctomys marmota) und der Zisel (Spermophilus
Citillus) sehr nah verwandte Nager; sie zeigen in ihrem
anatomischen Baue, insbesondere im Baue der Zähne,
die grösste Uebereinstimmung. Und doch ist das
Murmelthier ein rein herbivores[1]) der Zisel ein omnivores Thier. Der Zisel frisst Mäuse, Vogeleier,
junge und alte Vögel[2]). Nehmen wir an, uns wäre
vom Zisel nur der anatomische Bau, vom Murmelthier aber sowohl der Bau als auch die Ernährungsweise bekannt, so müssten wir nach der Logik der
Vegetarianer schliessen, der Zisel sei ein herbivores
Geschöpf. Dieser Schluss wäre ein Fehlschluss, ein
Analogieschluss aus ungenügendem Material.

Wie aus der vergleichenden Anatomie, so lassen
sich auch aus der vergleichenden Physiologie
Thatsachen anführen, welche mit mehr oder weniger
Wahrscheinlichkeit einen Analogieschluss für oder
wider die Lehre der Vegetarianer zulassen. Gestatten Sie mir, aus dem Gebiete, mit dem ich mich
vorzugsweise beschäftigt habe, aus der physiologischen Chemie eine Thatsache Ihnen vorzuführen,
welche zur Begründung des Vegetarianismus weit
besser sich verwerthen liesse als die Thatsachen der
vergleichenden Anatomie.

Ich meine die Zusammensetzung der menschlichen Milch. Die Milch der Fleisch- und Pflanzen-

---

[1]) Brehm's Thierleben. Bd II. 1877. S. 203 u. 304.
[2]) Brehm, l. c. S. 292, 293, 294.

fressenden Thiere zeigt eine quantitativ verschiedene Zusammensetzung. Der Säugling erhält schon in der Milch die drei Hauptgruppen der organischen Nahrungsstoffe — Eiweiss, Fette und Kohlehydrate — nahezu in demselben Verhältniss wie in der späteren Nahrung. Der charakteristische Unterschied der vegetabilischen und animalischen Nahrung besteht bekanntlich darin, dass die Pflanzennahrung reicher ist an Kohlehydraten, ärmer an Fett und Eiweiss, die Fleischnahrung dagegen reich an Eiweiss und Fett, arm an Kohlehydraten. Dementsprechend ist auch die Milch des Pflanzenfressers reich an Zucker, arm an Eiweiss und Fett, die Milch des Fleischfressers reich an Eiweiss und Fett, arm an Zucker. Die Milch des omnivoren Schweines steht der quantitativen Zusammensetzung nach in der Mitte zwischen der Milch der Fleisch- und Pflanzenfresser. Wie ist nun die Menschenmilch zusammengesetzt? Aus den zuverlässigsten Analysen ergiebt sich, dass die Menschenmilch noch ärmer an Eiweiss und Fett und relativ reicher ist an Zucker als die Milch der pflanzenfressenden Thiere, dass also der Charakter der Pflanzenfressermilch in der Menschenmilch am stärksten ausgeprägt ist. Wie in der quantitativen Zusammensetzung der organischen, so zeigen auch in der quantitativen Zusammensetzung der anorganischen Bestandtheile die animalische und vegetabilische Nahrung einen characteristischen Unterschied: die animalische Nahrung enthält Kali und Natron in aequivalenten Mengen, ebenso die Milch

des Fleischfressers, die vegetabilische Nahrung dagegen und die Milch des Pflanzenfressers sind weit
reicher an Kali und ärmer an Natron. In der Menschenmilch aber ist das Verhältniss des Kali zum
Natron meist noch höher als in der Milch der
pflanzenfressenden Thiere. Also auch in dieser Hinsicht tritt der Character der Pflanzenfressermilch am
deutlichsten in der Menschenmilch hervor[1]) Dieses
ist eine sehr beachtenswerthe Thatsache: obgleich
das Menschengeschlecht in unserem Welttheile seit
Jahrtausenden von gemischter Kost gelebt hat und
vorher nachweislich im Nomadenzuatande von rein
animalischer Kost, so hat dennoch die Milch den
Charakter der Pflanzenfressermilch bewahrt.

Diese Thatsache könnte als gewichtiges Ar-
gument erscheinen zu Gunsten der Vegetarianer. Es
wäre zwar nur ein Analogieschluss, aber zwischen
einem Analogieschluss und einem inductiven Beweise
besteht keine scharfe Grenze. Der Analogieschluss
gewinnt an Beweiskraft in dem Masse, als das Material, aus dem er sich ziehen lässt, wächst. Das
Material aber ist in diesem Falle ein sehr geringes.
Wir besitzen nur wenige zuverlässige Milchanalysen
und nur von sehr wenigen Thierarten, insbesondere
nur von einem einzigen omnivoren Thiere, dem

---

[1]) Diese Thatsache ist von den Vegetarianern bisher gar
nicht beachtet worden, obgleich ich bereits vor 11 Jahren
darauf aufmerksam gemacht habe. Zeitschrift für Biologie.
1874. Bd. X. S. 317.

Schwein. Vor Allem aber muss hervorgehoben werden, dass bisher noch keine Analyse der Milch der omnivoren und frugivoren Affen ausgeführt worden ist.

Es wäre von hohem wissenschaftlichem Interesse, erstens festzustellen, ob es überhaupt rein frugivore Affen giebt[1]), und zweitens, wenn dieses der Fall sein sollte, den anatomischen Bau und die physiologischen Functionen derselben zu vergleichen mit dem Baue und den Functionen der omnivoren Affen einerseits und des Menschen andererseits. Zu einer solchen Untersuchung aber ist bisher auch nicht einmal der erste Schritt gethan worden.

Wenn also in der vergleichenden Anatomie und Physiologie eine Antwort auf unsere Frage nicht gefunden wird, so bleibt nichts übrig als den Instinct zu fragen.

In der That berufen sich die Vegetarianer auf den Instinct. Und es scheint, dass sie Recht haben:

---

[1]) Der einfachste und sicherste Weg zur Entscheidung dieser Frage würde der sein, den Mageninhalt erlegter Affen zu untersuchen. Du Chaillu giebt an, den Mageninhalt erlegter Gorillas untersucht und stets nur Pflanzentheile gefunden zu haben. Andere Autoren jedoch, insbesondere Reade, bezweifeln alle Aussagen Du Chaillu's. Jedenfalls müsste die Untersuchung des Mageninhalts an sehr zahlreichen Individuen und womöglich zu verschiedenen Jahreszeiten ausgeführt werden, da auch ein omnivores Thier gelegentlich nur Vegetabilien im Magen haben kann.

wem von uns wird denn der Appetit erregt beim Anblick eines weidenden Stieres, eines fliegenden Vogels, eines schwimmenden Fisches? Die Früchte am Baume locken jeden. Aber — wem fliesst denn das Wasser im Munde zusammen beim Anblick eines wogenden Kornfeldes oder gar einer frisch aus der Erde gescharrten Kartoffel?! Unmittelbar durch den Sinneseindruck reizen sie uns nicht; es bedarf dazu schon einer Gedankenverknüpfung. Ein Hühnerei dagegen ist für einen hungrigen Menschen wohl ein lockender Anblick und die Abweichung vom Instincte, welche wir begehen, wenn wir statt der Vogeleier ein Stück Rinderbraten verspeisen, ist nicht grösser als wenn wir statt der Bananen und Kokosnüsse gebackenes Brod und gekochte Kartoffeln essen.

Hätten die Vegetarianer Recht, so müssten wir eine instinctive Abneigung gegen die animalische Nahrung am ersten bei den Naturvölkern erwarten und zwar bei denen, welche an wohlschmeckenden Früchten niemals Mangel leiden. Dieses aber ist nicht der Fall. Selbst die paradiesischen Völker der Südsee, denen die schönsten Früchte in den Mund hängen, während ihre Inseln arm sind an wohlschmeckender animalischer Nahrung, haben ein so mächtiges Verlangen nach Fleisch, dass sie Katzen, Hunde, Vampyre, Spinnen, Holzlarven, rohe Fische, ja sogar Ratten bei lebendigem Leibe verzehren[1]).

---

[1]) Zimmermann, Australien in Hinsicht der Erd-, Menschen- und Productenkunde nebst einer allgemeinen Darstel-

Es giebt auf dem ganzen Erdballe kein einziges Volk und keine einzige Volksklasse, welche das Fleisch verschmähten. Wo die Fleischnahrung zuzücktritt, geschieht es immer nur aus Noth, niemals aus Abneigung.

In der Vegetarianerliteratur begegnet man vielfach der Angabe, die Inder lebten von rein vegetabilischer Nahrung. Richtig ist, dass die Religion der Inder im Zusammenhange mit der Lehre von der Seelenwanderung das Tödten der Thiere verbietet. Aber die Brahmanen vermochten niemals mit diesem Verbote durchzudringen[1]) und Buddha hat nach der Tradition der Inder gegen den Vorschlag, den Fleischgenuss zu verbieten, ausdrücklich protestirt[2]). Buddha selbst — so erzählt ganz naiv die Legende — verspeiste einen Schweinebraten als letzte Mahlzeit, bevor er einging in's Nirvana[3]). Das Verlangen nach Fleisch ist bei den Indern zu allen Zeiten mächtiger gewesen als die Religion[4]).

___

lung des grossen Oceans. Hamburg 1810. Bd. I. Abth. I. S. 251. Abth. II. S. 519, 521, 638, 716. Waitz, Anthropologie d. Naturvölker. Thl. V. Abthl. II. Leipzig 1870. S. 78. Thl. VI. Leipzig 1872. S. 53, 56, 57, 578.

[1]) Duncker, Geschichte des Alterthums. Bd. III. Leipzig 1875. S. 129.

[2]) Kern, Der Buddhismus. Deutsch von H. Jacobi. Bd. I. Thl. I. S. 237. Leipzig 1882.

[3]) Kern, l. c. S. 280. Vergl. auch C. Fr. Koeppen, Die Religion des Buddha. Bd. I. Berlin 1857. S. 359.

[4]) P. v. Bohlen, Das alte Indien. Thl. I. Königsberg 1830. S. 161: „Gegenwärtig sogar finden sich in Bombay

Die Appellation an den Instinct ergiebt also keineswegs eine Entscheidung zu Gunsten der Vegetarianer.

Vor Allem aber muss hervorgehoben werden, dass die ganze Fragestellung der Vegetarianer von vorn herein eine unklare ist. Die Frage lautet: welche Nahrung ist die naturgemässe? Was heisst denn naturgemäss und naturwidrig? Wenn es überhaupt einen Gegensatz geben kann zur Natur, so kann es doch nichts Anderes sein als der bewusste Wille des Menschen. Die Frage „welche Nahrung ist die naturgemässe?" müsste also lauten: was war unsere Nahrung, so lange wir noch vom unbewussten Instinct uns leiten liessen, bevor wir anfingen mit bewusster Ueberlegung eine Auswahl zu treffen? Das heisst aber mit anderen Worten: was war unsere Nahrung, bevor wir Mensch wurden? Es gehört eben zur Natur des Menschen, unnatürlich zu leben. Ist es denn nicht unnatürlich, dass das Menschengeschlecht, dessen Wiege vielleicht in der Tropenwelt gestanden, heraufgezogen ist in den hohen Norden, dass wir Häuser bauen und ganze Wälder

---

und an anderen Orten öffentliche Fleischbänke für die Hindus, in denen, ausser Rind, alle Arten von Fleisch, besonders aber Lamm- und Schweinefleisch, feilgehalten werden, auch die frömmsten Brahmanen (!) bedienen sich derselben, und es wird, wie Heber bezeugt, Fleisch in Indien, wie in Europa gegessen." Heber sagt: „nothing indeed seems more generally mistaken, than the supposed prohibition of animal food to the Hindoos. "

verbrennen, um darin leben zu können, dass wir dreifache, vierfache Kleider am Leibe tragen — und zieht denn nicht eine Unnatürlichkeit die andere nach sich!

Und dennoch — — es liegt etwas sehr Berechtigtes in der Furcht vor dem Widernatürlichen. Wir leben in einem Uebergangsstadium: der Instinct verlässt uns von Tag zu Tag immer mehr und wird nie wiederkehren, die bewusste Erkenntniss aber vermag ihn noch nicht zu ersetzen. Ueberall, wo wir es unternehmen, vermöge unserer bewussten Vernunft für unser Wohl zu sorgen, stören wir die Harmonie der unbewussten Triebe, wir gefährden unsere Gesundheit, unser Lebensglück. Aus dieser Quelle stammt ein grosser Theil des Elends, unter welchem die Menschheit seufzt auf unserem Planeten. Es ist die hohe Aufgabe der Wissenschaft, unsere bewusste Erkenntniss zu der Höhe zu erheben, dass sie den unfehlbaren Instinct zu ersetzen vermag.

Wenn wir also streng wissenschaftlich unsere Frage formuliren, so werden wir nicht mehr fragen: was ist naturgemäss? Wir werden diese Frage in eine Reihe von Fragen zerlegen. Wir werden vor Allem einfach fragen: Ist Fleischgenuss dem Menschen schädlich? Das ist eine klare Frage; die lässt sich vielleicht experimentell beantworten. Bisher aber ist das Experiment noch nicht gemacht worden. Sie werden nun vielleicht denken — die tausend und aber tausend Vegetarianer! Ich behaupte, sie alle mit einander haben das Experiment noch nicht gemacht. Das Experiment zu machen ist nicht so leicht. Die erste Forderung, die an ein exactes Experimentum crucis gestellt werden muss, ist die, dass die fragliche Ursache ceteris paribus (unter sonst gleichen Bedingungen) entfernt werde, um zu beobachten, welche Folgeerscheinungen wegfallen und dass dann ceteris paribus die fragliche Ursache wieder eingeführt werde, um zu constatiren, welche der fortgefallenen Erscheinungen darauf wieder zum Vorschein kommen. Es muss also das Fleisch vermieden werden, ohne sonst etwas an der Lebensweise zu ändern.

Was thut nun aber der Vegetarianer? Er begeistert sich plötzlich für die Idee, „naturgemäss" zu leben. Er schafft nun Alles ab, was irgend im Verdachte steht, naturwidrig zu sein: nicht nur die Fleischnahrung, sondern vor Allem auch alle narkotischen Genussmittel: den Tabak, den Kaffee, den Thee, den Alkohol; alles Diniren und Soupiren hört auf; alle Versuchung zur Unmässigkeit fällt weg; er, der bisher ein Stubenhocker gewesen, wird plötzlich ein fanatischer Spaziergänger; er kann nie genug frische Luft haben; er ändert womöglich noch die Kleidung, wird zugleich Jägerianer — und wenn er nun nach alledem sich wohler fühlt, dann soll das Fleisch an allem früheren Unbehagen Schuld gewesen sein.

Wir müssen den Hut ziehen vor jedem Menschen, der den Muth hat, gegen herrschende Meinungen aufzutreten. Die grosse Kunst, die grösste von allen, die Kunst zu leben kann keine Fortschritte machen, wenn der Versuch gescheut wird, wenn jeder nur gedankenlos nachmacht, was Andere vor ihm gethan. Aber der Versuch muss logisch richtig angelegt sein. Sonst bleiben wir soweit als wir waren.

Der Versuch muss also in der Weise angestellt werden, dass nur die animalische Nahrung abgeschafft, sonst aber nichts an der Lebensweise geändert wird. Wenn aber zugleich auch sonst etwas geändert wird, dann muss nach Ablauf einer längeren Zeit wieder ceteris paribus ein mässiges Quantum Fleisch zur vegetabilischen Nahrung hinzugefügt werden. Der Zeitraum darf nicht zu kurz sein. Wir dürfen nicht vergessen, dass ein Mensch mehrere Wochen ganz ohne Nahrung exsistiren kann. Wir können gar nicht erwarten, dass die Folgen einer ungenügenden Nahrung bald hervortreten. Ein Jahr wäre der kürzeste Termin. Schon durch den Wechsel der Jahreszeiten ist dieses geboten: es wäre z. B. grundverkehrt, das Befinden bei gemischter Kost im Winter mit dem bei Pflanzenkost im Sommer zu vergleichen. — Ich würde daher vorschlagen, eine längere Reihe von Jahren hindurch abwechselnd ein Jahr mit gemischter Kost und ein Jahr ceteris paribus mit reiner Pflanzenkost zu leben. Wenige Jahre würden zur Entscheidung der Frage nicht ausreichen, weil bekanntlich die zufällig mitspielenden Factoren — die wir gar nicht zu überschauen vermögen — nur eliminirt werden können durch die

grosse Zahl der Versuche. Es ist also eine Combi-
nation des Experimentum crucis mit der statistischen
Methode, welche zur Lösung unserer Frage als die
geeignetste Methode erscheinen muss. Die Versuche
müssten ausserdem an einer sehr grossen Zahl
von Individuen angestellt werden. Die individuellen
Verschiedenheiten der Menschen sind auch in Bezug
auf Ernährungsverhältnisse erstaunlich gross[1]). Ferner ist zu beachten, dass der Werth einer Nahrung
nur an solchen Personen sich erproben lässt, die

---

[1]) Der russische Physiologe Woroschiloff (Botkin's
Arch. Bd. IV. S. 1. 1872. Eine kurze Mittheilung der Resultate findet sich in der Berliner klin. Wochenschrift. 1873.
S. 90) nährte sich 30 Tage lang ausschliesslich von Erbsen,
Kleienbrod (Roggenschrotbrod) und Zucker und verdaute das
Eiweiss dieser Nahrung so vollständig, dass nur 12—20 pCt.
unresorbirt blieben Bei einem Selbstversuche A. Strüm-
pell's (Deutsches Arch. f. klin. Med. 1876. XVII. S. 118)
mit weichgekochten Linsen blieben 40 pCt. des Eiweisses unverdaut. Bei einem Versuche, den Fr. Hofmann („Die Be-
deutung von Fleischnahrung und Fleischconserven." Leipzig
1880. S. 11) in München am Laboratoriumsdiener anstellte,
blieben von dem Eiweiss der aus Linsen, Kartoffeln und Brod
bestehenden Nahrung 53,3 pCt. unverdaut. Vom Kleienbrod
blieben bei einem Versuche G. Meyer's (Zeitschr. f. Biolog.
1871. Bd. VII. S. 1) 42,3 pCt. des Eiweisses unverdaut.
Woroschiloff konnte bei der angegebenen Ernährungsweise
trotz angestrengter Muskelarbeit — täglich 1 bis 3 Stunden
Arbeit und in jeder Stunde 8528 Kilogrammometer —
seinen Körper im Stickstoffgleichgewicht erhalten. Die anderen Versuchspersonen würden wahrscheinlich bei aus-
schliesslicher Ernährung mit Cerealien und Leguminosen ihr
Körpergewicht nicht behaupten können. Die Möglichkeit aber

körperlich und geistig anhaltend und angestrengt thätig sind.

Sollte bei diesen Versuchen durch objective Beobachtung constatirt werden, dass die Versuchspersonen in den Jahren mit rein vegetabilischer Kost im Durchschnitt besser gedeihen und leistungsfähiger sind als in den Jahren mit gemischter Kost, so hätten die Vegetarianer Recht. Sollte aber das Gegentheil sich herausstellen, dann bliebe die Frage noch offen. Dann bliebe immer noch der Einwand offen, dass ein Jahr eine zu kurze Zeit sei, dass die Anpassung an die rein vegetabilische Nahrung nur sehr langsam vor sich gehen könne. Dann müsste die Versuchsperiode verlängert werden. Ja, man könnte schliesslich einwenden, auch ein Menschenleben sei nicht hinreichend, erst durch Generationen könne die Anpassung an die neue und doch ursprüngliche Ernährungsweise vor sich gehen. — Dann müssten wir auf eine experimentelle Lösung der Frage verzichten; es bliebe nur noch die statistische Methode.

Dass es Menschen giebt, die bei ausschliesslich vegetabilischer Nahrung jahrelang exsistiren können, haben allerdings einige Vegetarianer bewiesen. Sie haben aber nicht bewiesen, dass sie dabei in irgend einer Hinsicht besser gedeihen, als ceteris paribus bei gemischter Kost. Es muss ausserdem hervorge-

muss unbedingt zugegeben werden, dass durch allmähliche Anpassung und Gewöhnung die Fähigkeit, Vegetabilien zu verdauen, gestärkt werden kann.

hoben werden, dass es nur einzelne Wenige [1]) sind, denen dies gelungen. Die grosse Mehrzahl der Vegetarianer fügt bekanntlich zur Pflanzennahrung Milch, Butter, Käse und Eier hinzu [2]). Dass der Mensch

---

[1]) Beim Durchsehen der zwei letzten Jahrgänge der „Vegetarischen Rundschau" finde ich nur von 4 Personen die Angabe, dass sie längere Zeit ausschliesslich von Vegetabilien gelebt haben: August Kruhl 1 Jahr lang, Postexpeditor Schulz ¾ Jahr, Major v. Flotow (wie lange?) und Miss Böcker drei Monate (Vegetarische Rundschau, 1883, S. 143 und 1884, S. 89, 99 und 377). In der Mittheilung A. Kruhl's vermisse ich übrigens die ausdrückliche Angabe, dass in den Suppen keine Milch gewesen. Ausserdem findet sich in der Vegetarischen Rundschau, 188., S. 53, noch das Referat einer Mittheilung aus dem New-Yorker „Herald of Health" von Mr. Rumford, welcher mit seinem 19jährigen Sohne in Calefornien 1½ Jahre von ungekochter Pflanzennahrung gelebt hat. Sonst ist mir nur noch das Beispiel Schlickeysen's bekannt geworden, welcher im Jahre 1880 angab, mehr als 10 Jahre ausschliesslich von Vegetabilien gelebt zu haben (Schlickeysen, „Obst und Brod." Berlin 1880. S. 154). Es wäre im Interesse der Wissenschaft zu wünschen, dass die Vegetarianer dieser strengen Richtung ihre Erfahrungen ausführlich mittheilten.

[2]) Selbst die Trappisten, auf welche die Vegetarianer sich vielfach berufen, die strengsten unter allen christlichen Asketen, welche Fleisch und Fisch vollständig meiden, fügen zur vegetabilischen Nahrung Milch hinzu. Butter ist allerdings streng verboten. Eier sind nur Kranken gestattet. (Zöckler, Kritische Geschichte der Askese. Frankfurt a. M. und Erlangen 1863. S. 180.) Es ist hierbei ausserdem zu bedenken, dass die Mönche auch in anderer Hinsicht ein abnormes Leben führen. Der Mensch wächst nicht nur in der Jugend; er wächst anfangs als Individuum, dann „über die

exsistiren kann, wenn er das Fleisch der Nahrung
durch Milch und Eier ersetzt, ist auch a priori gar
nicht zu bezweifeln; es bedarf zum Nachweis dessen
keiner Versuche. Wenn aber gelehrt wird, dass der
Mensch bei dieser Ernährungsweise in irgend einer
Hinsicht besser gedeiht, als bei mässigem Fleisch-
genusse, so muss ich demgegenüber betonen, dass
bisher für eine solche Lehre auch nicht der Schatten
eines Vernunftgrundes vorgebracht worden ist[1].

Grenzen des Individuums hinaus". Wird das normale Wachsthum gewaltsam gehemmt, so muss auch die Nahrungszufuhr
eingeschränkt werden. Eine Abnormität wird durch die andere compensirt. — Aus diesem Grunde sollten alle Versuche
über den Werth der rein vegetabilischen Nahrung nur an Personen angestellt werden, deren normales gesundes Wachsthum
in keiner Weise gehindert ist. Hypochondrische Junggesellen,
welche gewöhnlich die meiste Neigung zu solchen Versuchen
zeigen, sind die allerungeeignetsten Versuchsobjecte. (Vergl.
„William Stark's klinische und anatomische Bemerkungen
nebst diätetischen Versuchen." Herausg. von J. C. Smyth.
Deutsch von Ch. Fr. Michaelis. Breslau und Hirschberg
1789. S. 139.)

[1] Daraus, dass mit der Fleischnahrung Parasiten in unseren Körper gelangen, folgt doch nicht — wie die Vegetarianer schliessen — dass wir das Fleisch vermeiden sollen.
Nach dieser Logik müssten wir auch schliessen, dass das
Fleisch den Katzen und Hunden schädlich sei. Dass die aus
dem Fleische stammenden Parasiten in unserem Darme die
Bedingungen ihrer Existenz finden, spricht doch eher für als
gegen die Annahme, dass die Fleischnahrung für uns „naturgemäss" sei. Ausserdem aber ist ja bekannt, dass auch mit
der Pflanzennahrung Parasiten in unseren Körper gelangen,
und dass der Darm pflanzenfressender Thiere von Parasiten

Ebenso wenig aber ist diese Lehre widerlegt worden.
Ein skeptischer Beurtheiler muss die Möglichkeit
zugeben, dass Milch und Eier dem Menschen zuträg-
licher seien als Fleisch [1]).

Fassen wir alles Gesagte zusammen, so müssen
wir bekennen: a priori lässt sich die Frage
nicht entscheiden; soweit ist die Wissenschaft noch nicht. Die Frage a posteriori

---

wimmelt. Ebensowenig darf aus der Schädlichkeit des faulen
Fleisches auf die Schädlichkeit der Fleischnahrung überhaupt
geschlossen werden. In der Zersetzung begriffene Pflanzennahrung ist gleichfalls schädlich und erzeugt thatsächlich
Krankheiten. Die in der Vegetarianerliteratur immer wieder-
kehrende Behauptung, das Kreatin des Fleisches sei ein Gift,
ist völlig aus der Luft gegriffen. Unser Körper enthält auch
bei rein vegetabilischer Nahrung in jedem Augenblicke circa
100 Grm. Kreatin. Diese Menge wird durch eine reichliche
Fleischmahlzeit nur um einige Decigramme vermehrt. Dass
dieser Zuwachs irgend welche nachtheilige Folgen habe, ist
eine völlig grundlose Annahme. Directe Versuche sprechen
ausserdem dagegen. (Vergl. meine Abhandlung: „Ueber die
physiologische Wirkung der Fleischbrühe und der Kalisalze.“
Pflüger's Archiv, 1871. Bd. IV., S. 235.) — Auf die Lehren
der Vegetarianer von der Entstehung der Krankheiten durch
Fleischgenuss und von der Heilung der Krankheiten durch
Fleischentziehung werde ich nicht eingehen. Auf diesem
dunklen Gebiete ist natürlich dem wüstesten Dogmatisiren
Thür und Thor geöffnet.

[1]) Milch und Eier enthalten keine Albuminoide (leim-
gebende Substanzen). Der reiche Gehalt an Albuminoiden,
welche Producte der regressiven Stoffmetamorphose sind,
unterscheidet die Nahrung des Fleischfressers von der des
Pflanzenfressers und des Säuglings.

zu entscheiden, ist bisher auch nicht einmal
der Versuch gemacht worden. Um so mehr
lässt sich darüber schreiben. Das ist der Grund,
weshalb die Literatur über diesen Gegenstand zu
einem solchen Umfange angeschwollen ist. Es wird
doch keinem Laien einfallen, über eine physikalische
oder chemische oder gar astronomische Frage mit-
reden zu wollen. Ueber eine Frage aus der Ernährungsphysiologie glaubt auch der Unwissendste
ein dickes Buch schreiben zu müssen. Und wieviel
tausend Mal leichter ist es in der Astronomie zu
einem sicheren Urtheil zu gelangen als in der Ernährungsphysiologie!

Sie könnten nun, hochgeehrte Versammlung,
durch meine bisherige skeptisch negirende Kritik sich
nicht befriedigt fühlen. Sie könnten vielleicht
wünschen, nun auch ein positives Urtheil zu hören.
Wenn ich also — ganz abgesehen von einer streng
wissenschaftlichen Kritik — sagen soll, was mir
persönlich als das Wahrscheinlichste erscheint, wie
ich persönlich die Bestrebungen der Vegetarianer
beurtheile, so ist es Folgendes.

Es scheint mir, die Vegetarianer verdanken
ihre Erfolge, die ihnen niemand bestreiten kann,
hauptsächlich der vollständigen Vermeidung aller
alkoholischen Getränke. Ihre Bestrebungen in

dieser Richtung verdienen die vollste Anerkennung.
Es sei mir gestattet diese meine Ansicht eingehend
zu begründen.

Dass durch den Alkohol das grösste Elend in
der menschlichen Gesellschaft hervorgebracht wird,
muss jeder zugeben und, wer es noch bestreiten
sollte, dem kann es durch Zahlen unwiderleglich
bewiesen werden [1].

Es waren beispielsweise in Berlin „unter den
im Jahre 1871 erledigten Strafsachen siebzig Procent
dem Brantwein (um es kurz zu sagen) zuzuschreiben" [2].
In England sind die Richter. Polizei- und Gefängniss-
beamten überzeugt, dass 75 bis 80 pCt. aller Verbrechen „durch Trunksucht geschehen" [3]. In Paris
wurde im Jahre 1868 festgestellt, dass 80 pCt. der
verarmten Arbeiterfamilien durch die Trunksucht des
Familienhauptes zu Grunde gerichtet waren [4]. Die
Aerzte an den Irrenanstalten Englands, Frankreichs,
Deutschlands, Oesterreichs, Russlands, Schwedens und
Nord-Amerika's sind zu der Ueberzeugung gelangt,
dass 20 bis 40 pCt. der männlichen Wahnsinnigen

---

[1] Siehe Baer: „Der Alkoholismus". Berlin 1878.

[2] Vortrag des Strafanstalts-Director Krohne: „Ueber
Branntwein und Verbrechen' im Zweigverein „Berlin" des
„Deutschen Vereins gegen den Missbrauch geistiger Ge-
tränke", 1884, mitgetheilt in den Zeitungen.

[3] Baer, l. c. S. 343.

[4] Decaisne, Note présentée à l'Académie des sciences
5. juin 1871, citirt bei Hitzig, „Ziele und Zwecke der
Psychiatrie". Zürich 1876.

ihr furchtbares Schicksal dem Alkohol zu danken haben[1]). Es steht zweifellos fest, dass ein ganzes Heer von anderen Krankheiten durch den Alkohol entsteht und dass viele dieser Krankheiten, insbesondere die vielfachen durch Alkohol acquirirten Nervenleiden — von der leichtesten Nervosität bis zum ausgesprochenen Wahnsinn — in hohem Grade erblich sind. Wurde doch beispielsweise constatirt, dass „unter 300 Blödsinnigen, deren Eltern nach Lebensweise, Gesundheitszustand u. s. w. genau erforscht wurden, sich 145 befanden, deren Eltern Gewohnheitstrinker waren"[2]). Es sei schliesslich noch hervorgehoben, dass auch ein bedeutender Procentsatz aller Selbstmorde dem Alkohol zugeschrieben wird — in Russland 38 pCt.[3])

Wohl weiss ich, dass man diese Zahlen bezweifeln kann. Sie lassen sich ja nicht genau feststellen. Der Verwechselung von Ursache und Wirkung ist ein weiter Spielraum gelassen. Die Zahlen könnten zu hoch sein. — Sie könnten aber auch zu niedrig

---

[1]) Baer. l. c. Abschnitt III. C. „Trunksucht und Geistesstörung." S. 360. Ganghofner, „Ueber den Einfluss des Alkoholismus auf den Menschen", 1879 S. 7. In der Leidesdorff'schen Klinik waren unter 161 männlichen Geisteskranken, an denen die Aerzte die Krankheitsursache glaubten constatiren zu können, 60, welche durch Alkoholmissbrauch geisteskrank geworden waren, also 37 pCt., unter den 70 weiblichen Pat. nur 3, also 4 pCt.

[2]) Ganghofner, l. c. S. 7.

[3]) Ganghofner, l. c. S. 10.

sein. — Am Wesen der Sache ändert das nichts. Es muss jeder zugeben: der Alkohol ist die Quelle des grössten Elends. — Es giebt auch jeder zu. — Aber es heisst immer: „Ja — der Missbrauch des Alkohols!"

Festgewurzelt ist im Volke noch immer das Vorurtheil, dass der Alkohol in sogenannten mässigen Dosen dem Menschen irgend etwas nützen könne, dass er „stärkend, nährend, erregend, belebend, erfrischend" — und wie die unklaren Ausdrücke alle lauten mögen — auf den Menschen wirke.

Zur Widerlegung dieser Vorurtheile wird nichts mehr beitragen als die von der Militärverwaltung Englands, Nord-Amerikas und Deutschlands im Grossen angestellten Massenexperimente, welche bereits gezeigt haben, dass die Soldaten in Kriegs- und Friedenszeiten, in allen Klimaten, bei Hitze, Kälte und Regen alle Strapazen der angestrengtesten Märsche am besten ertragen, wenn man ihnen **vollständig** alle alkoholischen Getränke entzieht[1]). Dieselbe Erfahrung hat man auch bei den Nordpolexpeditionen gemacht; die Matrosen bekommen keinen Tropfen mehr[2]).

---

[1]) B a e r, l. c. Abschnitt III. C. „Alkohol in der Armee". S. 103. Ueber die neuesten Experimente der deutschen Heerverwaltung in dieser Richtung und die günstigen Resultate der vollständigen Entziehung aller alkoholischen Getränke findet sich eine Mittheilung in der „Neuen preussischen Zeitung', 1884, No. 296, den 17. December.
[2]) B a e r, l. c. S. 106. F i n k e l n b u r g, „Ueber die Auf-

Dass auch geistige Anstrengungen am besten ertragen werden, wenn man vollständig allen Alkohol meidet, giebt jeder zu, der den Versuch gemacht hat.

Die Wissenschaft weiss über die Wirkungen des Alkohols nichts weiter auszusagen, als dass er lähmend wirkt auf das Gehirn und Rückenmark, dass er die Temperatur des Körpers herabsetzt und dass er die Verdauung stört. Alle Bemühungen, eine erregende Wirkung des Alkohols auf irgend welche Organe nachzuweisen, sind gescheitert.

Dass bei der Behandlung acuter Krankheiten der Alkohol mit Erfolg Verwerthung finden könne, will ich nicht bestreiten; das ist eine Frage ganz für sich. Wenn der Arzt gegen chronische Leiden den fortgesetzten Gebrauch alkoholischer Getränke verordnet, so ist das schon bedenklich. Wenn aber vollends der Arzt einem gesunden Menschen anräth, tagtäglich zur „Stärkung", zur „Erfrischung" alkoholische Getränke zu geniessen, so ladet er eine schwere Schuld auf sich. Ein Mensch wird nicht dadurch zum Trinker, dass er den Vorsatz fasst, sich ganz und gar dem Gotte Bacchus in die sanften Arme zu werfen, sondern gerade dadurch, dass er sich vornimmt ein mässiges Gläschen zur Stärkung zu trinken. „Das erste Glas der Mässigkeit" — so lautet der Wahlspruch des englischen grossen Vereins gegen den

gaben des Staates zur Bekämpfung der Trunksucht". (Verhandlungen und Mittheilungen des Vereins für öffentliche Gesundheitspflege in Magdeburg. Heft 10. Verhandlungen im Jahre 1881. S. 3.)

Alkohol — „ist der Anfang der Trunksucht[1])". Es gehört tausendmal weniger Energie dazu, das erste Glas zu vermeiden, als nach dem ersten Glase abzubrechen. Es ist noch niemals ein Trinker geheilt worden durch den Vorsatz der Mässigkeit. In allen Fällen, wo dieses gelingt, gelingt es immer nur durch die Ueberzeugung, dass die einzige Rettung die Vermeidung des ersten Glases ist.

Das ist die einfache grosse Wahrheit, welche die englischen Teetotaler klar erkannt haben, das ist der Grund, weshalb sie solche Erfolge aufzuweisen haben, während alle Mässigkeitsvereine herzlich wenig ausgerichtet haben. Die Zahl der Teetotaler beträgt mehr als eine Million. Der Name Teetotaler soll herkommen von totally, vollständig, mit einer Verstärkung: teetotally, ganz und gar. Sie haben den Eid geschworen, keinen Tropfen zu trinken und keinen Tropfen einzuschänken. Sie verfolgen das Ziel, den Alkohol auf die Apotheke zurückzudrängen: sie fordern, der Staat solle den Verkauf aller alkoholischen Getränke verbieten, ihn nur noch gestatten in der Apotheke[2]) auf ein

---

[1]) „The first glass of moderation is the beginning of drunkenness."

[2]) Bekanntlich findet der Alkohol auch zur Darstellung vieler Producte der chemischen Technik Anwendung (Lacke, Essig, Aether, Theerfarben etc.). Diese Alkoholmenge ist indessen sehr gering im Vergleiche zu der als Genussmittel consumirten, und es ist praktisch sehr wohl durchführbar, für technische Zwecke Alkohol darzustellen und den be-

ärztliches Recept. Zur Erreichung dieses Zieles
haben sie zunächst im Parlamente, wo sie zahlreich
vertreten sind, den Antrag gestellt, es solle jeder
Stadt- und Landgemeinde das Recht ertheilt werden,
in ihrem Districte das Princip der Teetolaler, Be-
schränkung des Alkohols auf die Apotheke, durch-
zuführen (Permissive Bill). Zur Unterstützung dieses
Antrages ist eine Petition mit 1 ½ Millionen Unter-
schriften dem Parlamente eingereicht und eine von
269 der bewährtesten Aerzte Englands unterschriebene
Declaration erlassen worden. Die Million der Teetotaler vertheilt sich auf alle Berufsklassen und ihr
unschätzbares Verdienst besteht darin, im Grossen
den unumstösslichen Beweis geführt zu haben, dass
der Mensch in jeder Berufsarbeit gesund und rüstig,
lebensfroh und lebensmuthig sich erhält, ohne einen
Tropfen Alkohol. Insbesondere im Heere und in
der Marine, wo sie zahlreich vertreten sind, haben
sie den Beweis geliefert, dass sie in Kriegs- und
Friedenszeiten alle Anstrengungen besser ertragen
und Krankheiten weniger ausgesetzt sind als die
übrigen Soldaten.

Das herrschende Vorurtheil, dass der Alkohol
den Menschen stärke, findet seine Erklärung in der
erwähnten lähmenden Wirkung, die er auf das Gehirn ausübt. Der Alkohol stärkt Niemand; er
betäubt nur das Müdigkeitsgefühl. Das Müdig-

treffenden Fabriken den nöthigen Vorrath zukommen zu lassen,
ohne dass derselbe als Genussmittel missbraucht werden kann.

keitsgefühl aber ist das Sicherheitsventil an unserer
Maschine. Wer das Müdigkeitsgefühl mit Alkohol
betäubt, um weiterzuarbeiten, gleicht dem, der gewaltsam das Sicherheitsventil verschliesst, um die Maschine überheizen zu können.

Der Irrthum, dass der Alkohol den Müden stärke,
wird gerade für die zahlreichste Volksklasse ganz
besonders verhängnissvoll: die armen Leute, deren
Einkommen zu einem menschenwürdigen Dasein ohne-
hin nicht ausreicht, werden durch diesen Irrthum
dazu verleitet, einen sehr bedeutenden Theil ihrer
Einnahme zu verausgaben für alkoholische Getränke
statt für wohlschmeckende Nahrung, welche allein
sie stärken kann zu ihrer schweren Arbeit.

Viele Personen sagen, sie trinken den Alkohol
garnicht der Wirkung wegen, sie trinken den edlen
Reben- und Gerstensaft nur um des Wohlgeschmackes
willen. Dass ein Glas edlen Weines wohlschmeckend
sei — wer wollte es leugnen! Aber die Freude
wird zu theuer erkauft: durch den Genuss alkoholischer Getränke wird das Verlangen gerade nach
derjenigen Nahrung abgeschwächt oder gänzlich auf-
gehoben, welche einem gesunden Menschen mit un-
verdorbenem Geschmackssinn die meiste Freude be-
reitet: zuckerreiche Früchte und überhaupt alle
süssen Speisen. Ein Mann, der auf den Alkohol
vollständig verzichtet, erlangt den Appetit eines
Kindes wieder. Und der gesunde Instinct steht hier
im besten Einklange mit den Resultaten der Physiologie, welche festgestellt hat, dass der Zucker die

Quelle der Muskelkraft ist. In der Sprache aller Völker
der Welt bedeutet das Wort süss zugleich angenehm.
Wenn uns das Süsse nicht mehr angenehm ist, so
deutet das auf einen abnormen Zustand. In diesem
Zustande befindet sich der Trinker. Und als Trinker
bezeichne ich jeden, der sich nicht behaglich fühlt,
wenn er nicht Tag aus Tag ein in irgend einer Form,
als Bier, als Wein Alkohol in seine Organe einführt.
Der Appetit des Trinkers ist fast ausschliesslich auf
Fleischspeisen gerichtet und die Vegetarianer haben
vollkommen Recht, wenn sie lehren, dass
Alkoholgenuss und übermässiger Fleischgenuss im Causalzusammenhange stehen. Man
schaffe nur den Alkohol ab, so wird das unmässige
Fleischessen von selbst aufhören. Die Frauen und
Kinder, welche keinen Alkohol trinken, haben gar
kein so grosses Verlangen nach Fleisch. Die Kaffee-
kränzchen der Frauen mit süssem Backwerk und
die „Naschsucht“ der Kinder sind Aeusserungen eines
gesunden Instinctes, welcher an der Tafel des bier-
trinkenden Familienhauptes keine Befriedigung findet.

Am ersten, scheint es mir, wäre der Alkohol
zulässig als ausnahmsweises Genussmittel, bei be-
sonderen Gelegenheiten, als „Sorgenbrecher“ zur
Erhöhung geselliger Freuden. Diese unbestreit-
bare Eigenschaft des Alkohols beruht gleichfalls auf
der erwähnten lähmenden Wirkung, die er auf das
Gehirn ausübt. Diejenige Gehirnfunction nämlich,
welche bei der beginnenden Lähmung zunächst ge-
schwächt wird, ist das klare Urtheil, die Kritik.

In Folge dessen praevalirt das Gemüthsleben, befreit von den Fesseln der Kritik. Deshalb wird der Mensch offenherzig und mittheilsam — der Satz „in vino veritas" bleibt ewig wahr — er wird sorglos und lebensmuthig — er sieht eben nicht mehr klar die Gefahren. — Vor allem aber äussert sich die lähmende Wirkung des Alkohols darin, dass er das Schmerzgefühl betäubt und zwar zunächst die bittersten Schmerzen, die psychischen Schmerzen — den Kummer, die Sorgen. Daher die heitere Stimmung, die sich der trinkenden Gesellschaft bemächtigt. Niemals aber wird ein Mensch durch geistige Getränke geistreich. Dieses Vorurtheil beruht auf einer Selbsttäuschung, es ist gleichfalls nur ein Symptom der erwähnten Lähmungserscheinung: in dem Masse als die Selbstkritik sinkt, steigt die Selbstgefälligkeit. Und vor allem darf die grosse Gefahr nie unterschätzt werden, welche auch diese am ersten zulässige Art des Alkoholgenusses mit sich bringt — die Gefahr der Unmässigkeit. Die Trunksucht mit ihren Folgen, Krankheit, Wahnsinn, Verbrechen kann auch hier ihren Anfang nehmen und hat thatsächlich in millionen und abermillionen Fällen hier ihren Anfang genommen.

Wir hören es häufig ausprechen, für den Gebildeten sei die Gefahr nicht so gross, ein gebildeter Mensch werde nicht leicht durch den Alkohol zum Verbrecher. Aber das Verbrechen ist lange nicht das Schlimmste, was der Alkohol erzeugt: die Zahl der Verbrecher ist verschwindend gering im Vergleich

zur Zahl derer, die durch den Alkohol zu morali-
schen Lumpen werden. Wieviel edler Gesinnung und
idealen Strebens hat der ununterbrochene Bierstrom
fortgespült!

Dass es sehr zahlreiche Menschen giebt, welche
die Selbstbeherrschung besitzen, niemals unmässig zu
sein, ist unbedingt zuzugeben. Dieser Vorzug aber
entbindet Niemand von der Pflicht, durch die Macht
des Beispiels auf diejenigen zu wirken, welche nur
durch völlige Enthaltung zu retten sind. — Auch als
Sorgenbrecher ist der Alkohol zu verwerfen.

Der Alkohol hat noch eine Wirkung, um derent-
willen er genossen wird; sie ist die schädlichste von
allen. Zu den quälenden Gefühlen, welche der Alkohol betäubt, gehört auch das Gefühl der langen
Weile. Die lange Weile aber ist wie das Müdigkeitsgefühl, eine Vorrichtung zur Selbstregulirung in
unserem Organismus. Wie uns das Müdigkeitsgefühl
zur Ruhe zwingt, so zwingt uns die lange Weile zur
Arbeit und Anstrengung, ohne welche unsere Mus-
keln und Nerven atrophiren und ein gesunder Zustand nicht möglich ist. Wird das Gefühl der langen Weile nicht durch Anstrengungen irgend welcher
Art beseitigt, so schwillt es stetig an und gestaltet
sich schliesslich zu einer wahrhaft dämonischen
Macht. Es ist interessant zu beobachten, zu wie
verzweifelten Mitteln hohle und träge Menschen ihre
Zuflucht nehmen, um ohne eigene Anstrengung dem
Dämon der langen Weile zu entfliehen. Rastlos
treibt er sie durch ununterbrochene Geselligkeit von

einem Ort zum anderen, von einer Zerstreuung zur
anderen. Den meisten Menschen aber würde es mit
diesen Mitteln nicht gelingen, dem Dämon zu entfliehen, sie würden sich schliesslich doch gezwungen
sehen, in irgend einer Weise ihr Hirn und ihre Mus-
keln anzustrengen, um das Gefühl der Ruhe und
und Befriedigung wiederzugewinnen und die eigene
Leere auszufüllen, wenn sie nicht — den Alkohol
hätten. Der Alkohol befreit sie sanft und leicht
von dem Dämon. Dem Trinker und der trinkenden
Gesellschaft kommt die eigene Oede und Leere niemals zum Bewusstsein; sie brauchen keine Interessen,
keine Ideale — sie haben ja die Wonne, das Beha-
gen der Narkose. Nichts ist für die Entwicklung
eines Menschen verhängnissvoller, nichts untergräbt
und zerstört in dem Grade das Beste, was er hat,
nichts ertödtet mit so unfehlbarer Sicherheit jeden
Rest an Energie, als die fortgesetzte Betäubung der
langen Weile durch den Alkohol.

Fassen wir Alles zusammen, so müssen wir bekennen: Die Teetotaler haben vollkommen Recht:
der Staat sollte den Verkauf alkoholischer
Getränke verbieten. Hat der Staat das Recht,
Verbrechen zu strafen — sogar mit dem Tode zu
strafen —, so hat er auch das Recht, Verbrechen
zu verhüten. Wohl weiss ich, dass der ganze libe-
rale Doctrinarismus dagegen sich auflehnt. „Das
wäre ja eine Bevormundung!") — Aber in Bezug

') In neuester Zeit hat das sogenannte „Gothenburger

auf das Morphium giebt jeder das Recht der Bevormundung zu. In Bezug auf den Alkohol wird es bestritten. Und doch ist das Morphium lange nicht so gefährlich als der Alkohol!

Welche zerstörende Macht der Alkohol bildet im Leben der Culturvölker, werden Sie am besten erkennen, wenn ich statt aller Rhetorik noch einige Zahlen anführe:

„In den Vereinigten Staaten von Nord-Amerika

System" zur Bekämpfung des Alkohols die grössten Erfolge aufzuweisen. Das Richtige an diesem System ist gerade die Bevormundung, der Zwang. Das Falsche liegt darin, dass das Princip der Mässigkeit, nicht das der völligen Enthaltsamkeit dem System zu Grunde gelegt ist. Das System legt nur den Armen einen Zwang auf, nicht den Reichen, welche das Gesetz gemacht haben. Die wahre Opferfreudigkeit ist bei demselben noch weniger zum Durchbruch gelangt als die richtige Erkenntniss. Nur das Princip der Teetotaler würde, durch das Gesetz unterstützt, das Uebel bei der Wurzel fassen. Indessen ist auch das Gotherburger System als bewährtes Mittel mit Freuden zu begrüssen. Alle praktische Klugheit besteht im Schliessen von Compromissen. „Die Principienreiterei ist die schlechteste Cavallerie." — Mangel an praktischer Umsicht kann übrigens auch den Teetotalern nicht zum Vorwurf gemacht werden: sie fordern ja nur eine sehr allmälige Durchführung ihres Principes, zunächst in einzelnen Gemeinden, die dann durch ihr Beispiel weiterwirken. Ein plötzliches Verbot der Alkoholproduction und des Alkoholverkaufes im ganzen Staate wird kein Urtheilsfähiger befürworten. Die wirthschaftliche Umwälzung wäre eine zu gewaltige, der allgemeine Ruin auf allen Gebieten der Landwirthschaft und Industrie die unausbleibliche Folge.

allein hat, wie Mr. Everett, der Minister der aus-
wärtigen Angelegenheiten in Washington berichtet,
in den Jahren von 1860 — 1870 der Consum von
Spirituosen eine directe Ausgabe von 3 Milliarden
und eine indirecte von 600 Millionen Dollar der
Nation auferlegt, 300000 Menschenleben vernichtet,
100000 Kinder in die Armenhäuser geschickt und
wenigstens 150000 Leute in Gefängnisse und Arbeits-
häuser, wenigstens 2000 Selbstmorde, den Verlust
von wenigstens 10 Millionen Dollar durch Feuer und
Gewalt verursacht und 20000 Wittwen und 1 Million
Waisen gemacht"[1]). Für die meisten Staaten Europa's würde eine derartige Zusammenstellung noch
weit ungünstigere Zahlen ergeben.

Doch genug der Worte. Durch Reden und Vor-
träge wird das Elend nicht aus der Welt geschafft
— auch durch Parlamentsdebatten nicht. — Ich er-
warte nichts von den Bestrebungen der Teetotaler
im Parlamente. — Durch die Macht des Wortes und
der Gründe wird keine Majorität gewonnen. Die Majorität will das Gute nur, wenn sie etwas zu fürch-
ten hat. — Die Noth, der mörderische Kampf ums
Dasein wird die Völker zwingen, die Quelle namen-
losesten Elends zu schliessen. — Ich habe diese
Frage nur zur Sprache gebracht, weil ich der Mei-
nung bin, dass die Vegetarianer ihre Erfolge
hauptsächlich der vollständigen Vermeidung
des Alkohol verdanken, und weil ich es für

---

[1]) Baer, l. c. S. 10.

meine Pflicht halte, zu bekennen, dass wir in dieser Hinsicht den Vegetarianern die vollste Anerkennung, den wärmsten Dank und die grösste Hochachtung schuldig sind.

Dass die Vermeidung das Tabaks und der übrigen Narkotika mit zu den Erfolgen der Vegetarianer beiträgt, ist nicht zu bezweifeln. Der Schade aber, den diese Genussmittel anstiften, kommt garnicht in Betracht im Vergleich zur verheerenden Wirkung des Alkohols.

Zu beachten ist ferner, dass auch die Gefahr der Unmässigkeit im Essen bei vegetabilischer Nahrung geringer ist, als bei gemischter Kost. Schon die grössere Einförmigkeit der vegetabilischen Nahrung bringt es mit sich, dass die Versuchung zur Unmässigkeit geringer ist. Auch diesem Umstande sind vielleicht die Erfolge der Vegetarianer zum Theil zuzuschreiben.

In dieser Hinsicht scheint es mir charakteristisch, dass der Vegetarianismus in den romanischen Ländern keinen Boden findet. Die Romanen sind mässig auch ohne Vegetarianervereine. „Wir Deutschen‘ — sagt Melanchthon — „schmausen uns arm, schmausen uns krank, schmausen uns in die Hölle“.

Die Vegetarianerfrage hat noch eine ethische Seite. Viele Vegetarianer sind gar nicht Anhänger dieser Lehre aus diätetischen Gründen: sie vermeiden das Fleisch. weil sie das Tödten der Thiere für sündhaft halten.

In diesen Motiven scheint mir doch etwas Krankhaftes zu liegen. — Ich möchte in dieser Hinsicht nicht missverstanden werden: ich theile vollkommen die Ansicht, dass das Mitleid mit den Thieren gepflegt werden soll, dass das Mitleid mit den Menschen darunter leiden muss, wenn das Mitgefühl mit anderen fühlenden Wesen abstumpft. Ich unterschätze keineswegs die segensreichen Folgen und die Tragweite der Thierschutzvereine. Und vollends das pädagogische Streben, in dem empfänglichen Gemüthe des Kindes ein inniges Mitgefühl mit allen fühlenden Wesen zu wecken, zu nähren, zu pflegen — wer wollte den hohen Werth dieses Strebens leugnen! Nur, wo das Mitleid mit den Thieren soweit geht, dass der Mensch den Thieren geopfert werden soll, rede ich von einer krankhaften Sentimentalität. Ich bin dazu berechtigt auch den Vegetarianern gegenüber, solange der Nachweis nicht geführt ist, dass das Fleisch dem Menschen wirklich nichts nützt. Es ist dieselbe krankhafte Richtung, welche uns in der Agitation gegen die Vivisectionen entgegentritt. — In der That sind viele Vegetarianer zugleich Eiferer gegen die Vivisection. — Da wird mit scrupulöser Aengstlichkeit darüber philosophirt, ob wir das Recht haben, ein Thier zu quälen. Thatsächlich aber

haben wir Menschen hier garnicht zu fragen
nach Recht oder Unrecht. Die Frage ist
schon lange gestellt worden ohne uns und
sie lautet ganz anders. Sie lautet: sollen
wir morden und quälen oder selbst gequält
und gemordet werden.

Mitten hinein in einen unerbittlichen, mörderischen
Kampf hat uns die Natur gestellt. Wir sind be-
ständig — auch in diesem Augenblicke — um-
schwärmt von zahllosen Thieren, welche nur die
eine Lebensaufgabe haben, uns zu Tode zu quälen.
Wir sehen Tag aus Tag ein Tausende unserer ge-
liebten Mitmenschen dahinsterben unter den schreck-
lichsten Qualen, gefressen werden bei lebendigem Leibe
von erbarmungslosen Bestien. Und wir sollten nicht
das Recht haben, ein Kaninchen zu opfern, um diesen
unseren Feinden hinter die Schliche zu kommen!

Der Wunsch, dass alle fühlenden Wesen friedlich
neben einander leben sollen, ist einfach eine Gedanken-
losigkeit. Es ist Thatsache: jedes fühlende
Wesen auf unserem Planeten exsistirt nur
auf Kosten anderer fühlender Wesen. Auch
der Pflanzenfresser lebt auf Kosten anderer Thiere;
er raubt Anderen die Exsistenzmittel, die Nahrung;
er lässt sie elend und qualvoll verhungern. Es
bleibt ja kein Pflanzentheil unverzehrt; es fällt kein
Blatt zur Erde, ohne gefressen zu werden. Was die
Säugethiere und Vögel nicht gefressen haben, fressen
die Insecten; was die Insecten übrig lassen, fressen
die Regenwürmer; was der Wurm übrig lässt, fressen

die Bacterien. — Und wem nichts übrig bleibt, der
verhungert, oder er ermattet und wird die Beute
der Räuber.

Die Vegetarianer meinen, sie könnten das Tödten
der Thiere vermeiden, wenn sie von Milch leben.
Aber, wer von Milch lebt, muss das Kalb tödten
und lässt seine Kuh anderen Thieren das Gras weg-
fressen. Wer von Eiern sich nährt, lässt seine
Hühner lebende Würmer fressen und verzehrt selbst
in jedem Ei ein lebendes Wesen — vielleicht sogar
ein fühlendes Wesen. Anzunehmen, dass die Empfin-
dung von Lust und Schmerz erst dort beginne, wo
ein differenzirtes Nervensystem auftritt, ist völlig
willkürlich. Nichts widerspricht der Annahme, dass
auch jede Pflanzenzelle ein fühlendes Wesen sei. Der
Vegetarianer, welcher es für sündhaft hält, ein
grosses Thier zu tödten oder ein hochorganisirtes
Thier mit intensiver Schmerzempfindung, der sieht
sich gezwungen tausend kleinere, niedere Thiere zu
tödten, zu quälen, verhungern zu lassen. — Und
tausend kleine Schmerzen summiren sich zu einem
grossen Schmerz. Das Resultat bleibt dasselbe.

Der Kampf ums Dasein lässt sich nicht aus der
Welt schaffen. Den Kampf ums Dasein kämpft die
ganze Natur. Den mörderischen, unerbittlichen Kampf
ums Dasein wird keine Vegetarianerethik fortphilo-
sophiren. Man sehe sich doch um in der Natur!
Ueberall, wohin das Auge blickt — das blosse und
das bewaffnete — auf der Erde, in der Luft, im
Wasser — im endlosen Ocean und im kleinsten

Tropfen — überall ein ewiges Fliehen und Verfolgen, ein rastloses Kämpfen und Ringen, ein ununterbrochenes Morden und Verschlingen. — Und dieser mörderische Krieg aller wider Alle — er gerade ist es, der die lebende Natur ewig jung und neu und frisch erhält. Der Kampf ist das Gesunde und Normale. Der Friede erzeugt Krankheit und Fäulniss.

Gedruckt bei L. Schumacher in Berlin.